MÉDECIN DE MOLIÈRE

PAR

LE Dʳ ACHILLE CHEREAU

BIBLIOTHÉCAIRE DE LA FACULTÉ DE MÉDECINE DE PARIS
MEMBRE DE L'ACADÉMIE DE MÉDECINE

Jeton de J. A. de Mauvillain.

PARIS
TYPOGRAPHIE FÉLIX MALTESTE ET Cⁱᵉ
RUE DES DEUX-PORTES-SAINT-SAUVEUR, 22

1881

LE MÉDECIN DE MOLIÈRE

I

Dans un *Placet* présenté à Louis XIV, le 5 février 1669, et qui a été imprimé en tête du *Tartuffe*, Molière s'exprime ainsi :

« Sire,

« Un fort honnête médecin, dont j'ai l'honneur d'être le malade, me promet et veut
« s'obliger par-devant notaires de me faire vivre encore trente années, si je puis lui obtenir
« une grâce de Votre Majesté. Je lui ai dit, sur sa promesse, que je ne lui demandois pas
« tant, et que je serois satisfait de lui pourvu qu'il s'obligeât de ne me point tuer. Cette
« grâce, Sire, est un canonicat de votre chapelle royale de Vincennes, vacant par la
« mort de...

« Oserois-je demander encore cette grâce à Votre Majesté le propre jour de la grande
« résurrection de *Tartuffe*, ressuscité par vos bontés? Je suis, par cette première faveur,
« réconcilié avec les dévots; et je le serois par cette seconde avec les médecins. C'est pour
« moi sans doute trop de grâce à la fois; mais peut-être n'en est-ce pas trop pour Votre
« Majesté; et j'attends avec un peu d'espérance respectueuse la réponse de mon placet. »

Un client, bien en cour, et intercédant auprès du monarque en faveur de son médecin, lorsque, surtout, ce client se nomme Molière : voilà qui doit piquer vivement la curiosité, et l'on est convié à faire plus ample connaissance avec un disciple d'Esculape qui avait pénétré si profondément dans les bonnes grâces du grand comique.

Remarquons que, si le susdit placet n'eût été favorablement accueilli, Molière ne l'aurait sans doute pas publié, et on peut croire que son protégé obtint le bénéfice.

C'est avec une véritable passion que, depuis une cinquantaine d'années surtout, on a cherché à soulever le voile qu'une sorte de fatalité avait étendu sur la vie de Poquelin; les travaux dans ce sens sont considérables, et dignes du père de notre scène comique. On ne s'est pas contenté de la *Vie de Molière* écrite en 1705 par Grimarest, des détails fournis par Brossette, Cizeron-Rival et autres; les frères Parfait, Beffara, Taschereau, Bazin, Jal, Emmanuel Raymond, Paul Lacroix, Loiseleur, Victor Fournel, Soulié, etc., se sont mis à l'œuvre, et en consultant des sources jusqu'alors inexplorées, des registres des paroisses de Paris, des actes de notaires, ils ont élucidé bien des points de l'existence de Molière.

Nous venons ajouter notre petite pierre à l'édifice commun.

Ce n'est pas que le docteur Mauvillain, qui fait le sujet principal de cette notice, ait été absolument négligé par les chercheurs qui ont fait de l'auteur de *Tartuffe* le but de leurs patientes investigations; mais, après tout, de tous ces travaux, il n'est resté qu'un point acquis, à savoir : que Mauvillain avait vécu dans l'intimité de Molière, et que ce dernier, si peu fait pour se modeler aux exigences d'un médecin habitué à se faire obéir, avait trouvé dans son directeur de santé, un homme peut-être trop complaisant, mais un de ces hommes d'esprit qui prennent un peu les choses comme elles viennent, et qui n'hésita pas à fournir à son illustre malade des modèles, des tableaux pris sur le vif, où Molière puisa plus d'une de ses inspirations.

Ce n'est pas, du reste, notre faute si notre confrère du xviie siècle n'a pas été parfait, et si plusieurs côtés de son caractère prêtent le flanc à la critique; on va le voir tel qu'il a été, et tel qu'il se présenterait s'il était là devant nos yeux. Nous n'avons pas la prétention de le montrer en tête-à-tête avec Molière, les documents sur ce point faisant défaut; mais nous pouvons dire son origine, sa naissance, le suivre à la Faculté de médecine de Paris, où il a trop fait parler de lui, assister à son mariage, à la naissance de ses nombreux enfants, et le suivre, enfin, à sa dernière demeure. Il y a beaucoup d'hommes vraiment illustres qui ne pourraient pas offrir autant d'éléments d'instruction à la postérité.

II

Jean-Armand Mauvillain, — qui a ajouté dans l'âge mûr et des succès, la particule De, — naquit à Paris vers l'année 1618, soit trois, quatre ou cinq ans avant Molière, qui vit le jour le 15 janvier 1622. Une bonne fée présida à son entrée dans le monde, ayant été tenu sur les fonts baptismaux par Armand Du Plessis, cardinal de Richelieu, qui lui donna son nom. Il était fils de Jean Mauvillain, habile chirurgien de Paris, à l'occasion duquel De Vaux, dans la traduction qu'il a faite de son propre *Index funereus chirurgorum Parisiensium* (1), a écrit ces lignes :

« Jean Mauvillain, né à Paris, mourut le 10me janvier de l'année 1662. Il laissa un fils docteur en médecine de la Faculté de Paris, homme d'un esprit inquiet et malin; car, bien que fils d'un chirurgien, ayant fait au corps des chirurgiens, pendant son décanat, tout le mal qu'il pouvait lui faire, il ne rendit pas un meilleur office à la Compagnie, en fournissant à Molière les accompagnements ou intermèdes de sa comédie du *Malade imaginaire*, qui a si fort ridiculisé dans le monde la médecine et les médecins, qu'ils ont depuis ce temps-là perdu de la créance que l'on avait à leur manœuvre, dont on a mieux connu le jeu, et les tours d'adresse en quoi elle consiste pour surprendre les gens crédules; en sorte que s'ils sont

(1) Bibliothèque de la Fac. de méd. de Paris. Ms.

encore mandés quand la maladie menace d'un grand péril, c'est plutôt pour la forme que par confiance, l'événement des maladies ne répondant pas le plus souvent aux promesses dont les malades et les assistants sont flattés par leurs beaux discours. »

C'était une trop belle occasion, pour De Vaux, de plaisanter les médecins pour qu'il la laissât échapper. Laissons-le à sa douce volupté.

Mais rappelons, ce qu'il ne dit pas, que Jean Mauvillain avait été chirurgien ordinaire de Gaston, duc d'Orléans, frère unique de Louis XIII. Il est noté avec cette qualification dans un *état de la maison* de ce prince, en date de l'année 1641 (1). Il s'en glorifie encore dans l'église de Saint-Méry, où il est parrain le 26 septembre 1651 (2).

On possède une quittance par laquelle, le 6 janvier 1636, « noble homme, Jean Mauvillain, chirurgien de Monseigneur frère unique du roy », donne décharge d'une somme de 250 livres, représentant ses gages d'une année au service du prince (3).

L'année suivante (20 avril 1637), « Jean Mauvillain, chirurgien du roy (lisez : du duc d'Orléans), bourgeois de Paris, demeurant rue de la Calandre », se déclare, devant le prévôt de Paris, propriétaire d'une maison sise rue du Temple, ladite maison redevable, envers le couvent de Saint-Martin-des-Champs, d'une rente de douze sols parisis de cens et fonds de terre (4).

Jean Mauvillain était, de plus, bibliothécaire du cardinal de Richelieu (5).

Jean-Armand DE MAUVILLAIN, le médecin de Molière, fit de telles études qu'il fut reçu maître ès arts dans l'Université de Paris, le 5 novembre 1640 (6), et qu'après avoir passé quelque temps à Montpellier, il revint à Paris se faire inscrire sur les registres de la Faculté de médecine. Elle était très-sévère, cette École, lorsqu'il s'agissait des intervalles scolaires que le candidat avait à parcourir avant de parvenir à la licence. Relativement au baccalauréat, par exemple, il fallait que l'aspirant eût tenu les bancs de la Faculté au moins pendant quatre ans avant d'obtenir le grade de bachelier. Ce fut le mercredi, 2 mars 1644, que Mauvillain dut présenter ses lettres de maître ès arts pour être admis à l'examen ; mais il lui

---

(1) Maison du duc d'Orléans (1641). Archiv. nat.

Premier médecin, à 2,000 l.	Abel Brunier.
Médecins par quartier, à 1,000 l.	Antoine Fieffé, Abel Brunier, Pierre Guénault, Pierre de Daluteau.
Médecins consultants, à 400 l.	Guillaume Granger, Rodolphe Ranchin, Quirin le Vignon.
Médecin spagiriste, à 400 l.	Jérôme de Sémigny.
Apothicaires, à 500 l.	Gabriel Sevart, Claude Sevart.
Premier chirurgien, à 1,800 l.	François Turpin.
Chirurgien ordinaire, à 800 l.	Guillaume Carillon.
Chirurgiens par quartier, à 300 l.	Jacques Maurel, DE MAUVILLAIN, Claude Personne, Du Bourdelle, Aubert Orry, Jean Soubeiran, Guillaume Dartois.

(2) Documents particuliers.
(3) Biblioth. nat. Cabin. des titres; vol. 1902. Pièce origin. sur parchemin.
(4) Biblioth. de la Fac. de méd. de Paris. Ms.
(5) Hazon. Éloges, p. 45. Nous tenons à dire, cependant, que, selon Andry (Dict. de méd. de l'encyclop. méthod.), ce chirurgien du duc d'Orléans et le bibliothécaire de Richelieu seraient deux personnages distincts, et qu'ils seraient frères.
(6) Biblioth. nat. Latin, 9158, fol. 159, R°.

manquait sept mois ; il fut prorogé, ne put profiter d'un *jubilé* que la Faculté accordait quelquefois, et n'atteignit le but tant désiré que le 24 mars 1646 (1), malgré une lettre pressante que l'abbé Des Roches écrivit à cette occasion aux docteurs de Paris.

Michel Le Masle, abbé des Roches, chanoine de Notre-Dame, protonotaire du Saint-Siège, était, disons-le de suite, intendant et secrétaire du cardinal de Richelieu, et attaché par les liens d'une étroite amitié avec le chirurgien Jean Mauvillain, qui était, comme nous l'avons déjà dit, chirurgien et bibliothécaire (?) du cardinal-ministre. Il avait de sérieuses raisons pour croire que la Faculté ne lui refuserait rien qui pût lui être agréable : c'est lui, en effet, qui, par une donation entre vifs, en date du 21 mars 1643, avait légué à l'École une somme de 30,000 livres destinée à bâtir de nouvelles écoles, les premières tombant en ruines. Eh bien ! malgré les sentiments de reconnaissance qui les attachaient à leur bienfaiteur, les médecins de Paris refusèrent de transgresser, à son profit, des statuts qui étaient leur charte, et qu'ils avaient juré de respecter.

On ne peut s'empêcher de faire remarquer ici, que le drapier du cardinal de Richelieu était un Guy *Poquelin*, lequel, en l'année 1641, fournissait à son Éminence « dix aulnes et demye et demy quart de drap de Monsieur, escarlate d'Holande très-fin » (2), et que le même *Poquelin* était inscrit sur le testament de l'abbé Le Masle des Roches (18 janvier 1658), pour « vingt-quatre assiettes des plus neuves et petites, un bassin rond, et une aiguière couverte, le tout en argent » (3).

Quoique ce Guy Poquelin ne soit mentionné dans aucun des actes publiés par M. Soulié (4), on est frappé de trouver, parmi les fournisseurs ordinaires du cardinal, un marchand drapier portant le même nom que Molière, dont le père et le grand-père avaient été tapissiers du roi ; et, bien plus, ce même drapier honoré d'une place dans le testament du protecteur du docteur Mauvillain. Serait-ce donc par l'intermédiaire de ce Guy Poquelin, que le médecin aurait été mis en relation avec le comédien ?

Jean-Armand de Mauvillain parvint à la licence le 30 juin 1648, mais il y parvint sans honneur, ayant été placé le dernier parmi ses six concurrents, et il dut céder le pas à J.-B. Moreau, Étienne Bachot, Jean de Montigni, Bertin Dieuxyvoye, et Jacques Gamarre (5).

Ce fut encore, pour la Faculté, l'occasion d'exprimer d'une manière formelle la résolution qu'elle avait prise, de ne se laisser influencer, dans les grades qu'elle avait à octroyer, ni par l'intrigue, ni par la protection ; et ce fut en vain que l'abbé des Roches écrivit cette lettre au doyen Jacques Perreau :

« Monsieur,

« Le tesmoignage très avantageux que plusieurs de vostre Compagnie m'ont rendu du mérite
« de M. de Mauvillain, l'un de vos bacheliers, et l'affection particulière que j'ay conservée
« depuis long temps pour son père, qui a servi monseigneur le cardinal de Richelieu, de qui

---

(1) Regist. — Comment., XII, 214 v°, 215 v°, 227 v°, 228 v°.
(2) L. Brièle. Docum. inéd. sur le card. de Richelieu ; 1872, in-8° de 27 pages.
(3) Archives de l'Assistance publique.
(4) Recherches sur Molière ; 1863, in-8°.
(5) Regist. — Comment. XIII, fol. ccclix, R°.

« je tiens après Dieu tout ce que je possède dans le monde, m'ayant porté à luy accorder
« l'effect de la prière qu'il m'a faicte de m'employer envers vostre Compagnie, pour tascher
« de luy faire obtenir le second lieu de la licence, qu'il demande. J'ay creu que vous ne
« trouveriez pas mauvais que je m'addressasse à vous par ce mot de lettre, mon indis-
« position ne me permettant pas de le faire autrement, pour vous prier, comme je faicts très
« humblement, de tesmoigner à Messieurs de vostre Faculté que je prendray très grande part
« à la grâce qu'ils feront en cette occasion audit sieur de Mauvillain, qui peult, d'ailleurs, à
« ce qu'on m'a tesmoigné, aspirer par son mérite, au lieu qu'il espère de leur courtoisie. Je
« croy, Monsieur, que vous aurez tant de bonté que de m'accorder cette faveur, et que vous
« l'augmenterez mesme d'une seconde, en l'honorant de vostre protection et du crédit que
« vous avez dans vostre Compagnie. Ce qui m'obligera de rechercher les occasions de vous
« témoigner que je suis vraiment,

« Monsieur, vostre très humble et très affectionné serviteur,

« Le S^r DES ROCHES » (1).

De Mauvillain fut reçu docteur le mercredi 19 mai 1649 (2), mais non sans un incident qui jeta le trouble au milieu de la docte Compagnie de la rue de la Bûcherie. Mais, pour en bien faire saisir la portée, il faut rappeler, en peu de mots, les cérémonies qui accompagnaient la prise du bonnet doctoral. Revêtu du capuchon, et accompagné de deux bacheliers et des appariteurs de la Faculté, l'aspirant est allé, quelques jours avant l'acte, rendre visite à chaque docteur, pour l'inviter à assister à sa maîtrise. Le jour du doctorat, et avant le commencement de l'acte, ayant à sa droite son président, suivi des docteurs et des bacheliers qui doivent prendre part à la dispute, précédé, enfin, de tous les appariteurs de l'Université portant leurs masses, il pénètre dans les Écoles inférieures, et gravit, avec son président, les deux ou trois marches qui conduisent à la chaire du maître. Les appariteurs se tiennent au bas, sur les côtés. Le premier de ces officiers interpelle alors le doctorandaire en ces termes :

Avant de commencer, vous avez trois serments à prêter :

1° *D'observer les droits, les statuts, les décrets, les lois et les louables coutumes de cet Ordre;*

2° *D'assister, le lendemain de la Fête de Saint-Luc, à la messe qui est dite pour les docteurs décédés;*

3° *De combattre de toutes vos forces ceux qui pratiquent illicitement la médecine, et qui mettent en danger la santé et la vie des citoyens.*

Vous le jurez?

Un *juro* très-accentué doit sortir de la bouche du nouveau membre de la Compagnie. Après ce serment, le président rappelle les devoirs qu'impose la profession. Il prend ensuite le bonnet, fait avec lui, en l'air, le signe de la croix en prononçant ces mots : *In nomine Patris et Filii et Spiritûs Sancti*; il donne, en signe de manumission, sur la joue du récipiendaire, une petite tape avec la paume de la main, et l'embrasse. Un nouveau collègue est ainsi intronisé. Ce dernier, qui pose alors à un des plus jeunes docteurs une question à résoudre,

---

(1) Regist.—Comment. XIII, fol. ccc.lxv, V°. Cette lettre, qui n'est là qu'en copie, n'est pas datée.
(2) Regist.—Comment. XIII, fol. ccc.lxxxv, R°.

question suivie d'une autre congénère adressée par un autre docteur, a encore un devoir à remplir : il doit adresser, dans un langage choisi, des actions de grâces à Dieu, à son président d'acte, au doyen, aux docteurs, en un mot, à tout le Collége. Le décret du 11 novembre 1632 est formel : « *Le nouveau docteur ne doit, dans son discours, offenser personne, à peine de nullité de l'inauguration, de la privation du bonnet, et de l'impossibilité d'être jamais admis au doctorat.* »

Mauvillain transgressa effrontément cet ordre formel : il avait toujours sur le cœur son dernier rang à la licence, et il profita de l'occasion qui lui était offerte pour attaquer vivement la Faculté, son *alma mater*, pour réserver tous ses remerciements à l'abbé Des Roches, qu'il conjure « d'accorder un généreux pardon aux docteurs qui avaient payé ses bienfaits par la plus noire ingratitude ». On devine l'étonnement, la stupeur de l'assemblée devant un pareil langage : par trois fois, le doyen ordonne à Mauvillain de retirer ses opprobres; trois fois le bouillant filleul du cardinal de Richelieu revient à la charge. L'acte put néanmoins se terminer; mais, sur l'ordre de la Faculté, le nouveau docteur fut forcé de descendre de sa chaire, et il eut la honte de rentrer chez lui, seul, isolé, privé des deux appariteurs, qui, selon l'usage, devaient le précéder, et des docteurs qui devaient lui servir d'escorte à travers les rues de Paris.

Ce n'est pas tout :

Trois jours après (22 mars 1649), sur une convocation particulière adressée à tous les docteurs, la Faculté se réunissait dans ses comices, et décidait :

Que Mauvillain viendra demander pardon à la Faculté, solennellement assemblée dans les Écoles supérieures;

Qu'il remplira le même devoir à l'égard de chaque docteur, à son domicile particulier. — Ils étaient 119 à cette époque;

Qu'au premier acte quodlibétaire, c'est-à-dire à la Saint-Martin prochaine, le jour même où le grand bedeau proclame à haute voix les noms de tous les docteurs de Paris, le coupable se rendra dans les Écoles supérieures, et implorera le même pardon en présence du doyen;

Qu'à ces seules conditions, il devra de n'être pas exclu pour toujours de la Faculté.

Durant cette fameuse séance, Mauvillain attendait dans la chapelle le sort qui lui était réservé. On le fait entrer, on lui lit l'ordre de la Faculté, et il fallut bien obéir (1).

Neuf ans ne s'étaient pas écoulés qu'une scène analogue se renouvela, mais qui atteignit, cette fois, la hauteur d'un scandale que oncque on n'avait vu rue de la Bûcherie.

C'était sous le décanat de François Blondel, le plus processif, le plus entêté, le plus irritable, le plus « mauvais coucheur », si j'osais employer cette expression, de la Faculté, et, en plus, borgne, et l'un des détracteurs les plus ardents de l'antimoine. Il existait entre lui et Mauvillain, que les antimonialistes comptaient parmi eux, une haine profonde, implacable. Mauvillain n'avait pas vu sans colère l'élévation de son ennemi au décanat, la plaie était encore saignante dans son cœur. Nous ne raconterons pas l'orage qui gronda à la Faculté pendant plus de deux heures, dans la matinée du jeudi 12 décembre 1658, et qui éclata encore

---

(1) Regist.— Comment. XIII, fol. ccc.lxxx, V°.

à une quodlibétaire; les détails occupent plusieurs pages des Commentaires (1). Disons seulement que l'on ne fut pas loin d'en venir aux mains, qu'on se colleta, ou peu s'en faut, que Mauvillain eut l'adresse, sournoisement, par derrière, de découronner le crâne du doyen de son bonnet carré, que ce bonnet fut jeté à terre, foulé aux pieds; que deux collègues, Michel Denyau et Germain Hureau, prirent fait et cause pour Mauvillain; qu'un décret solennel les chassa tous trois, le premier pour quatre ans, les deux autres pour deux ans; qu'un procès qui dura trois mois s'ensuivit au Parlement, et que le tout se termina par le repentir des coupables, qui vinrent (11 février 1659) implorer le pardon de tous les docteurs. Les commissaires Ferrand et Sanensen étaient là, envoyés par le Parlement, pour enregistrer leur déclaration.

III

Nous avons raconté ces incidents pour montrer le caractère irascible, impétueux du médecin de Molière. Malgré tout, Mauvillain parvint aux honneurs du décanat. Son élévation (6 novembre 1660) fut même des plus remarquables, ayant été choisi, ce qui s'était rarement vu, parmi les docteurs du petit banc, ou des jeunes. Son orgueil et sa haine contre Blondel débordent dans le discours que, selon l'usage, il dut prononcer en prenant les rênes de sa magistrature. Ce petit morceau mérite d'être rappelé : « Mre Mauvillain, dit-il, en parlant de sa propre personne, a été proclamé doyen à la grande joie de tous les assistants, d'autant qu'il est le seul qui ait été pris, jusqu'ici, parmi les jeunes docteurs; mais bientôt la stupeur saisit Mre François Blondel, le perturbateur de l'allégresse publique, l'homme le plus processif de tous les mortels, le haineux perpétuel de tous les gens probes et intègres, l'opposant à toutes les décisions de l'École, l'entêté, l'indomptable, qui ne sut jamais rendre justice à aucun des médecins éminents par leur science, et qui ont bien mérité du Roy et de la Race royale. Comme frappé d'un grand coup, sa voix s'arrêta dans sa gorge, et, chose étonnante, il resta muet, fixant des yeux comme égarés sur l'homme qui venait d'être appelé à une aussi grande dignité, celui-là même que, dans ses Commentaires, il avait mordu de sa dent canine et livide. Mais, quoi qu'il fît, Mre Mauvillain était élu par ses confrères, et il put recevoir des mains de Mre François Le Vignon, son prédécesseur, le registre, les statuts, le sceau d'argent de la Faculté, et l'épitoge rouge... »

Ces violences de langage sont consignées dans le registre de l'École comme pour les faire passer à la postérité, qui les juge avec sévérité.

Maître, dès lors, d'une haute position dans l'École, Mauvillain poursuivit avec une âpreté sans exemple son mortel ennemi; il l'accusa d'avoir touché indûment, et étant doyen, 752 liv.; il le traîna au Parlement; il le fit condamner, et provoqua la saisie judiciaire de ses meubles (23 octobre 1668) (2). En qualité de doyen, il avait fait frapper un jeton; ce fut encore là pour lui une occasion de vengeance.

(1) Regist.—Comment. XIV, p. 404 et suiv.
(2) Blondel parvint, cependant, à se tirer d'affaire. Sous le décanat de Jean Garbe, il fut complètement réhabilité par la Faculté, « propter pacem inter Collegas » (26 janvier 1669).

Jeton de J. A. de Mauvillain.

On y voit, sur le revers, un personnage renversé à terre, et Ulysse approchant de son œil gauche une torche : VERO LVMINE COECAT. Le personnage renversé, c'est Blondel; Ulysse, c'est Mauvillain, l'heureux vainqueur.

Nous donnons aussi le *fac simile* de la signature du médecin de Molière.

IV

Jean-Armand de Mauvillain mourut à Paris, rue Beaubourg, le lundi 16 juillet 1685. Il devait être âgé de 65 à 67 ans. Son corps fut d'abord porté dans l'église de Saint-Méry, sa paroisse, puis inhumé le même jour dans l'église des Chanoines réguliers de Sainte-Croix-de-la-Bretonnerie, dans le tombeau de ses ancêtres (1). La Faculté voulut honorer dignement celui qui, après tout, avait, pendant son décanat, défendu avec énergie les droits et les privilèges de l'École. Un grand nombre de docteurs, revêtus de leurs insignes, assistèrent à ses funérailles, et le cénotaphe, dressé dans la chapelle des Frères de la Sainte-Croix, était orné de six banderoles portant des écussons sur lesquels étaient peintes les armes de l'École (2).

---

(1) Paroisse Saint-Méry. Jean-Armand de Mauvillain, conseiller du roy, docteur régent en la Faculté de médecine, décédé rue Beaubourg, le 16me juillet 1685, a été porté et inhumé le lendemain dans l'église des Chanoines réguliers de Sainte-Croix-de-la-Bretonnerie, où ont assisté Guillaume de Mauvillain, avocat au Parlement, et Nicolas de Mauvillain, ses enfants.

MAUVILLAIN ; MAUVILLAIN.

Je remarque que, dans son registre, La Grange, un des comédiens de la troupe de Molière, a marqué la mort de Mauvillain. « mon médecin », écrit-il en marge, dans un cercle, au 25 juillet 1685. La Grange se trompe donc d'au moins huit jours.

(2) Voici en quels termes le doyen, Claude Puylon, fait part à la postérité de la mort de Mauvillain :

« Die martis 17. julii anni 1685, naturam ipsam explevit, satietate vivendi, M. Joannes Armandus de Mauvillain, cujus vultus per sex feré menses effigies erat spirantis mortui. Suscepto, per annos 1666 et 1667, decani munere, summo cum honore et ardente pro rebus Ordinis nostri studio, defunctus est. Ejus exequiæ

Le médecin de Molière avait épousé Geneviève Cornuty, fille de Georges Cornuty, docteur en médecine de la Faculté de Paris, et de Jeanne Thurin, dont le père était marchand parfumeur (1). Il en eut, au moins, dix enfants, tous baptisés dans l'église de Saint-Méry.

1° Armand-Jean, né le 25 septembre 1651 ;
2° Agnès, née le 12 janvier 1653 ;
3° Marguerite, née le 6 février 1654 ;
4° François, né le 14 janvier 1655 ;
5° Autre Marguerite, née le 10 mars 1656;
6° Louis, baptisé le 30 juillet 1657. Il assista aux funérailles de son père ;
7° Guillaume, baptisé le 28 février 1661. Il fut avocat au Parlement ;
8° Marc-Antoine, baptisé le 26 avril 1662 ;
9° Nicolas, baptisé le 12 septembre 1663 ;
10° Eusèbe, baptisé le 18 janvier 1666, et tenu sur les fonts par Eusèbe Renaudot, docteur en médecine, et fils du fameux Théophraste Renaudot, l'inventeur de la *Gazette de France*.

Le premier seul de ces enfants, Armand-Jean de Mauvillain, offre pour nous quelque intérêt. Il embrassa la carrière de son père, fut reçu docteur le 30 septembre 1676, et alla mourir prématurément en Belgique, où il s'était rendu en qualité de médecin, à la suite des armées, le 11 août 1677. Nous relevons cette note du décanat d'Antoine Le Moine :

Die Mercurii, undecimâ Augusti (1677), Mre Armandus Joannes de Mauvillain, qui medicinam in castris facturus, Belgium cum militaribus copiis peterat, Alho (ou Altho), obiit in primo doctoratûs sui anno, febre malignâ, quam contraxerat ex immodicis laboribus dum innumeris militibus mederi conabatur. Magnum sanè apud omnes desiderium reliquit, omnibusque vices patris dolendæ videntur, qui magna expectans à filio, tam immaturo fato omni spe derepente excidit (2).

Dans son livre, d'ailleurs si remarquable (3), M. Maurice Raynaud s'est donc étrangement trompé en assurant qu'il n'y avait eu qu'un Mauvillain à la Faculté de médecine de Paris. Il y eut le père et le fils, ayant les mêmes prénoms. Le père est un Jean-Armand, et le fils un Armand-Jean.

Nous ajouterons que le médecin de Molière s'est particulièrement attaché à l'étude de la botanique, et qu'il contribua avec Fagon, qu'il suppléa plus d'une fois dans sa chaire du Jardin royal, à la rédaction de l'ouvrage intitulé : *Horti Regii parisiensis Pars prior, cum Præfatione Joannis Vallot* (Paris, 1663, in-fol.) (4). On a même de lui une sorte de Catalogue

---

vestiti, ex recepto more, doctores comitati sunt ad ædem Deo sacrum sub invocatione Sancti Mederici. Indè deductum ejus cadaver ad Cenobium Fratrum à Stâ Cruce appellatum. Sex fasces Facultatis stemmatis ornatæ circa ipsius cadaver delatæ sunt, pro hujusque observatâ consuetudine, ex honore concesso iis qui decani munus gesserunt. » (Regist.—Comment. XVI, p. 375.)

(1) Regist. de la paroisse de Saint-Jean-en-Grève. Georges Cornuty mourut le 13 mars 1645, et fut aussi inhumé au monastère de Sainte-Croix-de-la-Bretonnerie.

(2) Regist.—Comment, XVI, p. 45.

(3) Les Médecins au temps de Molière, 1862.

(4) Eloy. Dictionnaire, 1778.

de plantes rangées par ordre alphabétique, resté manuscrit (1). Il est, enfin, auteur de plusieurs thèses défendues à la Faculté de médecine de Paris ; nous signalerons celle qu'il soutint, n'étant encore que bachelier, en 1648 : « Les eaux de Forges sont-elles utiles dans les convalescences difficiles ? » Elle a été traduite en français par le chirurgien Filsac, et imprimée à la suite des *Lettres de Monsieur Guérin.... et de Monsieur Le Givre... touchant les minéraux qui se trouvent dans les eaux de Sainte-Reine et de Forges,* 1702.

V

Tel est l'homme, tel est le médecin que Molière rencontra sur son chemin, qu'il aima, et qui vécut dans l'intimité du poète (2). Mauvillain appartenait à cette classe de médecins qu'on rencontre encore aujourd'hui : plus gens d'esprit que de science, plus hommes du monde que docteurs, portés par goût vers les arts, hantant les artistes et les théâtres, n'ayant rien d'austère ni de sévère, aux manières élégantes, à la toilette toujours soignée, « tirés à quatre épingles », peignés et parfumés avec complaisance ; d'ailleurs beaux parleurs, d'une élocution abondante. « Les paroles de Mauvillain semblent plutôt s'adresser au cœur qu'aux oreilles de ceux qui l'écoutent ; il est si bien élevé, si charmant, que non-seulement les grâces semblent habiter en lui ; on devrait encore dire qu'il a été formé par leurs mains » (3).

Mauvillain devait être le médecin qu'il fallait à Molière. Tout le monde sait qu'étant un jour au dîné du roi : — *Vous avez un médecin,* dit le roi à Molière, *que vous fait-il ?* — *Sire,* répondit Molière, *nous causons ensemble, il m'ordonne des remèdes, je ne les fais point et je guéris.*

Grimarest assure que le grand-père de Molière, qui était passionné pour la comédie, menait souvent son petit-fils au théâtre de l'hôtel de Bourgogne, qui exhibait ses farces rue Mauconseil, dans le lieu même où se tient aujourd'hui la halle aux cuirs. C'est là que le jeune homme put assister aux représentations données par la Fleur, dit Gros-Guillaume ; Fléchelle, dit Gauthier-Garguille ; Pierre le Messier, dit Belle-Rose ; Adrien des Barres, dit D'Orgemont ; Zacharie Jacob, dit Montfleury ; *Bertrand Harduin de Saint-Jacques, dit Guillot Gorju,* et prendre goût pour un genre dans lequel il devait s'immortaliser.

Ce dernier farceur de l'hôtel de Bourgogne mérite qu'on le regarde de près, car, quoique transfuge, il appartient à la confrérie d'Esculape.

Dans une lettre du 19 décembre 1660, Guy Patin écrit à Falconet de Lyon : « L'ancien maître de la Compagnie et le doyen de la Faculté ont chacun double part, si bien que, lors-

---

(1) Biblioth. de la Fac. de méd. de Paris.

(2) Je sais bien que l'on a donné aussi à Molière un *Liénard,* lequel, aussi docteur régent de la Faculté de médecine de Paris, aurait rempli auprès de Poquelin le même rôle que Mauvillain. Mais, dans cette étude, on s'attache aux faits précis, certains, et Liénard ne m'est apparu dans mes recherches que sous une forme indécise, mal déterminée. D'ailleurs, il y eut deux Liénard, père et fils, docteurs régents : Claude Liénard, né à Dormans (Marne), en 1587, docteur le 29 janvier 1619, mort le 5 février 1665 ; Nicolas Liénard, qui naquit à Paris en 1633, fut doyen en 1680-1681, et mourut le 1er février 1697.

(3) Voir le portrait que Robert Patin a fait de Mauvillain dans son Paranymphe (1663, in-8°, p. 43), à l'occasion de la licence de 1648, de cette licence où le futur médecin de Molière eut le malheur d'avoir le dernier rang.

que nous recevons, de chacun en particulier, 60 l. par an, ils ont chacun six vingt; mais le doyen en charge a de plus, par pure grâce de la Faculté, environ six cents francs, et encore davantage s'il veut dérober, comme on dit que quelques-uns ont fait autrefois, entr'autres Vignon (1) *et le petit Saint-Jacques, qui tous deux sont morts. Ce dernier était fou et tenait de race*, natio comœda est. *Il avait autrefois représenté Guillot Gorju à l'hôtel de Bourgogne.* »

Guy Patin est pris ici en flagrant délit d'erreur lorsqu'il fait entendre que Guillot Gorju ne fut autre que « *le petit Saint-Jacques* », doyen de la Faculté de médecine de Paris. Il y eut trois doyens de ce nom d'Harduin de Saint-Jacques; savoir : Philippe, 1ᵉʳ du nom, qui fut doyen en 1616-1617, et qui mourut en 1627, laissant de ses deux femmes, Catherine Gervais et Geneviève Drouot, au moins onze enfants, parmi lesquels :

Gabriel, né du premier lit, le 9 novembre 1592. Il fut doyen en 1620-1621, et mourut le 7 décembre 1645.

Philippe, IIᵉ du nom, né du second lit, le 9 août 1602. Il fut pareillement doyen en 1636-1637, et mourut le 3 février 1677.

Enfin, *Bertrand Harduin de Saint-Jacques*, qui naquit le 31 août 1600, et mourut le 5 juillet 1648 (2).

C'est ce dernier qui, sous le nom de guerre de Guillot Gorju, égaya tant les Parisiens par ses farces et ses arlequinades. Il avait commencé par étudier la médecine, qu'il abandonna bientôt pour monter sur les planches, et y contrefaire le médecin ridicule, nommant, avec une volubilité extraordinaire, tous les simples, les drogues des apothicaires, les instruments qui composaient l'arsenal des chirurgiens (3).

Notons que Guy Patin avait voué une haine particulière au doyen Philippe Harduin de Saint-Jacques, qui avait, sous son décanat (20 juin 1637), introduit le vin émétique dans le Codex (4).

On a le portrait de Guillot Gorju sous son costume de comédien : pourpoint boutonné par devant; haut-de-chausses bouffants, surtout par le bas, et ne descendant pas jusqu'aux genoux; castor à basse forme, encadrant la figure de ses ailes immenses; souliers à pont, hauts de talon, carrés du bout, et ayant l'attache d'une large rose en ruban. Le personnage est fort laid, les yeux sont enfoncés, le nez arqué outre mesure. Il tient la main droite dans une espèce de gibecière pendue à son côté. Son bras gauche allongé, le pouce et l'index se touchant par leurs extrémités, semblent indiquer que Guillot Gorju

. . . . fait la nique
Au plus docte et plus éloquent,

et qu'il énumère tous les ingrédients qui entrent dans la composition d'une drogue étrangement compliquée.

---

(1) Quirin Le Vignon, natif de Clermont (Meuse). Il fut docteur le 26 avril 1606, doyen en 1614, et mourut le 19 avril 1649.

(2) Extr. des Reg. des paroisses Saint-Germain-l'Auxerrois et Saint-Méry.

(3) Sauval; Piganiol de la Force; les Frères Parfait, etc.

(4) Regist. — Comment. XIII, fol. 21, Rº.

Dans les documents publiés par M. Soulié, Guillot Gorju paraît la première fois, comme prenant à bail, avec ses joyeux compagnons, l'hôtel de Bourgogne, le 18 janvier 1639, et, moins d'un an après, Molière renonçait à la profession et à la charge de tapissier du roi, pour se mettre au nombre des comédiens, qui, sous le nom de l'*Illustre théâtre*, allaient sans doute paraître pour la première fois dans un jeu de paume situé près la porte Bussy.

Enfin, les premières pièces connues de Molière touchent plus ou moins aux médecins et à la médecine; l'une d'elles porte même ce titre : *Le docteur amoureux*; dans *La jalousie du barbouillé*, un docteur (en médecine?) y joue un rôle grotesque, bavard, pédant, ne trouvant digne que de parler latin, citant Aristote, etc. *Le médecin volant* est, on le sait, la forme primitive du *Médecin malgré lui*. Sganarelle, déguisé en médecin pour servir son maître peu confiant dans la manière dont son valet va remplir le rôle, s'écrie : *Hé mon Dieu, Monsieur, ne soyez pas en peine; je vous réponds que je ferai aussi bien mourir une personne qu'aucun médecin qui soit dans la ville.* Les scènes où il est question d'examiner les urines de la prétendue malade bafouent l'ancienne médecine. L'avocat, ami de Gorgibus, ne veut pas être en reste de savoir devant Sganarelle qu'il prend réellement pour un médecin; il rappelle l'aphorisme d'Hippocrate : *Vita brevis...* Il se moque de la médecine rationnelle et dogmatique qui régnait alors toute puissante à l'École de Paris.

Ces rapprochements semblent justifier cette pensée que Molière, dans sa guerre contre la médecine et les médecins, a été d'abord inspiré par les farces de l'ex-étudiant en médecine Guillot Gorju. Un ennemi du grand comique a même avancé que Poquelin avait acheté de la veuve de Guillot Gorgu tous les papiers de ce dernier, et qu'il s'était adapté tous ses ouvrages (1). Un autre, dans une comédie écrite contre Molière (2), le charge d'avoir pris les leçons de Contugi et de Bary, ces vendeurs fameux de l'orviétan, qui tout en jouant leurs farces sur les places publiques de Paris, distribuaient leur panacée aux badauds qui les entouraient.

VI

Il serait bien téméraire de vouloir assigner une date quelque peu précise au commencement de la liaison entre Molière et Mauvillain. Fut-ce avant l'année 1646, époque où la troupe de Molière quitta Paris, où elle n'avait pas réussi, pour aller tenter la fortune en province, où elle resta douze à treize ans? Fut-ce après l'année 1658, époque de son retour dans la capitale? Peut-être Poquelin et Mauvillain, attirés par le même goût pour le théâtre, se rencontrèrent-ils, dans leur jeunesse, à l'hôtel de Bourgogne. Peut-être ce Guy Poquelin, que nous avons vu fournisseur de drap du cardinal de Richelieu, alors que le père de Mauvillain en était le bibliothécaire, a été le trait d'union entre le médecin et le comédien... Quoi qu'il en soit, Mauvillain fit auprès de Molière ce qu'avait fait auprès de Racine, pour sa comédie des *Plaideurs*, M. de Brilhac, conseiller au Parlement, en l'instruisant de toutes les expressions du palais et de la chicane. Il est impossible que le grand comique ait puisé dans sa seule obser-

---

(1) Œuvres de Molière, édition des Grands écrivains de France, tome II, p. 21.
(2) Elomire hypocondre, ou les Médecins vengés, par Le Boulanger de Chalussay, 1670. Acte II, scènes 1 et 3. Elomire est l'anagramme de Molière.

vation les tableaux si vrais, si saisissants qu'il a faits des médecins et de la médecine, des apothicaires et de l'apothicairerie. Client et ami d'un médecin que la Faculté comptait parmi les novateurs, c'est-à-dire parmi ceux qui réagissaient contre l'ancienne médecine, qui se déclaraient les partisans des idées nouvelles, qui soutenaient que Galien et Hippocrate n'avaient pas tout dit, et adoptaient la théorie circulatoire du sang, la découverte de Pecquet, l'utilité du quinquina, de l'émétique, Molière fut certainement initié par Mauvillain aux scènes souvent passionnées, parfois tumultueuses que ces questions provoquaient rue de la Bûcherie. L'antimoine, particulièrement, eut le privilége de susciter une guerre acharnée, implacable, qui dura plusieurs années, qui fit noircir un monceau de papier, engendra de nombreux procès, et provoqua, en prose et en vers, des pamphlets qu'on dirait avoir été écrits avec de la boue plutôt qu'avec de l'encre. Il y avait, à cette époque, 102 docteurs légalement reçus à Paris ; 60 se prononcèrent en faveur de l'antimoine. Mauvillain fut de ce nombre, comme on le voit dans une curieuse *Légende*, écrite par Blondel, portant la date du 26 mars 1652, et dans laquelle le médecin de Molière est ainsi traité : « *M. Jean-Armand Mauvillain* paroist estre homme sans fiel, ny désir de vengeance, ne tesmoignant aucun ressentiment contre cette *drogue infernale*, qui a tué son beau-père, le sieur *Cornuty* ; mais, au contraire, il semble la chérir d'autant que, l'ayant osté du nombre des vivants, il luy est arrivé refusion de pratiques. »

Quoi d'étonnant, alors, que Mauvillain ait trouvé bon et plaisant de faire porter sur la scène des railleries qui ridiculisaient un groupe de médecins enlacés encore dans les filets du passé, défenseurs imprévoyants d'une orthodoxie médicale (comme on disait alors) qui n'avait plus sa raison d'être devant les acquisitions du jour !

Car, il est temps de le dire, Molière a bien moins ridiculisé la médecine et les médecins en général, que de vieux routiniers, si l'on veut me permettre cette expression, qui fermaient les yeux pour ne point voir, se bouchaient les oreilles pour ne point entendre, se prosternaient devant Riolan, leur chef, et criaient haro à Bartholin, à Harvey, à Pecquet, qui voulaient que le siècle marchât et que la lumière se fit.

VII

On le répète, tel puissant qu'ait été le génie de Molière, les données fournies par un médecin lui ont été nécessaires pour écrire certaines scènes de l'*Amour médecin*, du *Médecin malgré lui*, de *Monsieur de Pourceaugnac* et du *Malade imaginaire*. Ce ne sont pas ses études de droit ni son titre d'avocat qui eussent pu suggérer à Poquelin des expressions absolument médicales, des points de doctrine et de philosophie, les habitudes prises dans les consultations, les querelles nées au sein de la Faculté. Il a eu certainement en main de ces consultations étonnantes, écrites en latin, et dont nous avons donné dans ce journal même un réjouissant échantillon (1). C'est du Molière tout pur, et la réalité y est presque aussi ridicule que la fiction. Poquelin a dû aussi pénétrer plus d'une fois dans les Écoles de la rue de la Bûcherie, assister à des réceptions doctorales, à des argumentations ; car si les *Écoles supé-*

(1) Union Médicale, 1879, n° 120.

rieures, c'est-à-dire celles où les docteurs régents avaient seuls le droit de pénétrer, où se tenaient les comices et les assemblées, étaient inaccessibles aux profanes, tout le monde, à peu près, pouvait entrer dans les *Écoles inférieures*, où le public avait une place réservée. Les « impuretés dans le corps », les « humeurs corrompues », la théorie des crises hippocratiques, le formalisme de nos confrères d'autrefois, la « grande chaleur du sang », la « pourriture d'humeurs », les « vapeurs fuligineuses qui picotent les membranes du cerveau », la « malignité » de ces mêmes humeurs « qui fument », la folie des saignées à outrance, même celles de précaution, les oscillations des doctrines médicales tour à tour en vigueur et en mépris, les « vapeurs noires et grossières qui obscurcissent, infectent et salissent les esprits minéraux », la puissance du nombre impair dans le gouvernement des maladies, le choix fort important de telle ou telle veine pour la phlébotomie, les évacuations par « chalogogues, mélanogogues », les disputes relatives à la circulation du sang, à l'antimoine, les quatre types de médecins, les uns sceptiques en diable, les autres phlébotomistes entêtés, les troisièmes émétiseurs convaincus, les quatrièmes entichés de la médecine occulte, guérissant par les paroles, les sons, les lettres, les talismans, les anneaux constellés..... Tout cela se trouve sous la plume du grand comique, renseigné, dirigé évidemment par son médecin. L'intermède final du *Médecin malgré lui*, la cérémonie de réception est une moquerie complète des graves usages de la Faculté, mais une moquerie prise sur le vif, et dans laquelle la réalité ne perd pas ses droits.

Que les docteurs Tomès, Des Fonandrès, Macroton, Bahys et Fillerin, qui jouent les rôles que l'on sait dans l'*Amour médecin*, ne soient que des portraits, qu'ils aient réellement existé au temps de Molière, et qu'ils aient appartenu à la cour, cela n'est pas douteux. Une lettre de Guy Patin en fait foi, non moins que les assertions de Brossette et de Cizeron-Rival. On peut en dire autant des docteurs Diaphoirus, père et fils, qui ont posé devant le peintre, le père faisant devant la charmante Angélique l'éloge de son fils, « redoutable dans toutes les disputes de l'École..., argumentant à outrance pour la proposition contraire..., fort comme un Turc sur les principes, ne démordant jamais de son opinion..., s'attachant aveuglément aux opinions des anciens, n'ayant jamais voulu comprendre ni écouter les raisons et les expériences des prétendues découvertes du siècle touchant la circulation du sang, et autres opinions de même farine... » En vérité, on serait presque tenté de reconnaître, dans ces deux Diaphoirus, Guy Patin et son fils Charles, d'autant que, trois ans avant la première représentation du *Malade imaginaire*, Guy Patin avait présidé (18 décembre 1670) à une thèse dans laquelle la circulation harveyenne était fort mal menée, et que Diaphoirus fils, pour vaincre tout à fait la fille d'Argan, lui offre, toute roulée, une thèse de sa façon contre cette même circulation.

Dans ce même *Malade imaginaire*, où il a osé se mettre lui-même en scène, Molière fait ainsi parler Argan et Béralde :

ARGAN : C'est un bon impertinent que votre Molière, avec ses comédies ; et je le trouve bien plaisant d'aller jouer d'honnêtes gens comme les médecins.

BÉRALDE : Ce ne sont point les médecins qu'il joue, mais le ridicule de la médecine.

Non, Molière ne nourrissait pas de haine contre les médecins, dont il appréciait les qualités, et dont il recherchait le commerce. Par son esprit, par son enjouement, par le charme de sa conversation, Mauvillain les lui eût fait, du reste, aimer. Mais un malheureux scepticisme l'éloigna toujours de la médecine, et il refusa avec opiniâtreté les secours réels qu'elle pouvait lui apporter dans son triste état de santé, n'acceptant que quelques soins dans le régime, l'usage du lait, ne comprenant pas que l'on pût s'introduire impunément des médicaments dans le corps, et n'ayant confiance que dans les traitements externes. Il fut victime d'une incrédulité à l'égard d'une science qui eût pu sinon le guérir, du moins prolonger ses jours. Né avec une poitrine faible, atteint d'accidents graves du côté du cœur ou des gros vaisseaux, troublé de passion et de tracas domestiques, dévoré de jalousie conjugale, directeur d'une troupe qui lui imposait des devoirs incessants, comédien lui-même, au service d'un roi qu'il fallait amuser quand même, il fut emporté, dans un crachement de sang, une heure après avoir joué sa plus vive satire contre la médecine, le vendredi 17 février 1673, à dix heures du soir. Mauvillain lui survécut douze ans, regrettant, peut-être, le rôle qu'il avait joué auprès du grand comédien, et se repentant d'une docilité, d'une souplesse, qui ne sont pas dans les attributions du vrai médecin.

Paris. — Typographie Félix Malteste et Cⁱᵉ, rue des Deux-Portes-Saint-Sauveur, 22.

www.ingramcontent.com/pod-product-compliance
Lightning Source LLC
Chambersburg PA
CBHW070431080426
42450CB00030B/2403